pim en pep

Juliette de Wit

Zwijsen

pim en pep

pep?
pep is raar.

3

pim is sip.

raam is ver.

pim en sok.

sok, pep!

mis, pim!

roos is er.

maar pep!

9

pim is ver.

roos is er.

en pep is er.

sterretjes bij kern 2 van Veilig leren lezen

na 4 weken leesonderwijs

1. pim en saar
Daniëlle Schothorst

2. pim en pep
Juliette de Wit

3. pip is sip
Els van Egeraat